141
2040

41
Lb 2040.

DE LA RESPONSABILITÉ

Des citoyens qui exerçaient des fonctions publiques avant le 9 thermidor.

Nous ne gardons en rien les doux tempéramens ;
Dans la droite raison, jamais n'entre la nôtre,
Et toujours d'un excès nous passons dans un autre.
Molière, Tartuffe.

Est-ce un crime d'avoir été membre d'un Tribunal révolutionnaire, lorsque le gouvernement de l'État était révolutionnaire ?

O U,

Quand deux gouvernemens se succèdent, est-ce un délit, sous le second, d'avoir été fonctionnaire public sous le premier ?

CETTE question appartient à tous les tems et à tous les lieux ; elle intéresse tous les hommes qui vivent en société, parce que toutes les nations sont également exposées à l'instabilité des institutions humaines, et aux vicissitudes des gouvernemens.

Quoique toujours posée dans les mêmes termes, elle se présente chez tous les peuples et dans tous les siécles,

A

sous des nuances si variées, que sa solution appartient autant au domaine de l'histoire de chaque révolution, qu'aux principes généraux du droit des gens.

Il n'entra jamais dans les vues d'aucune nation de se donner des maîtres ; ce fut pour le maintien de la liberté publique, que les hommes réunis en société adoptèrent un gouvernement. Il n'était, dans le principe, autre chose que le conseil du peuple, l'économe de ses revenus, et la sentinelle de l'Etat.

Le mauvais choix des hommes chargés de le représenter, leur avarice et leur ambition d'un côté, de l'autre, l'insouciance de ce même peuple, son idolâtrie pour les grands hommes, l'inamovibilité de ses magistrats, conduisirent insensiblement toutes les nations du monde à la servitude. Les plus favorisées du ciel ne furent de tems en tems ramenées à la liberté, que par la résistance à l'oppression.

Résistance à l'oppression, droit sacré et imprescriptible de l'homme ! les notions du juste et de l'injuste que je tiens de la nature, m'apprennent que tu es la sauve-garde de la liberté publique et individuelle ; ton existence est indépendante des erreurs fugitives des législateurs : rayée de la déclaration de nos droits, tu n'en es pas moins le gage de la liberté et de la sûreté de tous les Français.

Si la tyrannie ose se montrer, c'est à toi qu'il appartient de lancer la foudre, et de pulvériser les oppresseurs du genre humain : c'est de ta bonne ou mauvaise direction que dépend le sort des empires, comme les destins de l'univers. Quand tu donnes une impulsion égale à tous les membres du corps social, tu fais une révolution dans l'Etat ; si tu n'imprimes qu'un mouvement partiel, tu ne produis qu'une révolte, également funeste au bien général comme aux intérêts particuliers.

Il faut donc que tu sois toujours là pour effrayer les tyrans ; mais il est de l'intérêt d'une nation sage qui a un gouvernement tolérable, de ne jamais t'appeler imprudemment à son secours : tu ne dois ton assistance qu'à l'esclavage et au malheur.

La France devait implorer ton appui, lorsqu'au mépris d'une Constitution qui était son ouvrage, la Convention proclama le gouvernement révolutionnaire. Tous les bons esprits sentirent alors et le malheur présent et les désastres futurs de la Patrie ; mais à qui auraient-ils confié leurs alarmes ? Un machiavélisme perfide avait préparé dans les ténèbres le succès de ce contrat sanguinaire. Tout l'empire était couvert de clubs, dont la puissance balançait déjà le pouvoir légitime des autorités constituées ; les démagogues s'emparèrent de toutes les tribunes ; le nouveau régime fut vanté comme un bienfait, et placé par des ignorans à côté des plus sublimes conceptions de Montesquieu ; tous les registres s'ouvrirent pour y consigner l'opprobre des Français, et un enregistrement légal, puisqu'il fut universel et sans opposition, mit le sceau à l'esclavage.

Toutes les Administrations plièrent à la fois sous un gouvernement tout-puissant, vindicatif et sanguinaire ; tous les Français souffrirent, personne n'osa se plaindre. On se soumet à de mauvaises lois, comme on se soumet à la nécessité. Jetez les yeux sur tout ce qui vous environne, par-tout la faiblesse est aux genoux de la force.

Ils ne sont plus ces jours de mort ! La Convention a rompu nos fers, et je vois des Français ramasser les débris de leurs chaînes, essayer d'en recomposer les anneaux, pour en charger des agens subalternes auxquels ils ont le courage aujourd'hui de demander compte des forfaits de la tyrannie.

Il faut le dire avec franchise, la crédulité, l'ignorance, l'irréflexion, sources fécondes de tous les maux qui affligeront long-tems l'espèce humaine, sont les principales causes des haines et des vengeances qui divisent les patriotes des Départemens.

Le peuple, toujours simple et trop confiant, a cru que les hommes qui remplissaient des fonctions publiques avant la brillante époque du 9 thermidor, et que l'exagération a souvent désignés depuis sous le nom de *terroristes* (*), étaient les vrais auteurs des calamités de la France. Cette funeste erreur a été soigneusement entretenue, et par les ennemis de la liberté et par ses plus zélés défenseurs.

Le but des premiers a été de diviser les patriotes de

89., de fomenter leur haine pour profiter de leur faiblesse, et s'emparer de l'autorité à leur tour.

Les seconds, en se livrant avec excès à la vengeance, passion dominante des Républiques, n'ont pas assez réfléchi qu'il est souverainement injuste de rendre des particuliers responsables des crimes du Gouvernement.

Mais aujourd'hui que notre courage doit renaître avec notre liberté, je déchirerai, d'une main hardie, le voile dont on cherche encore à couvrir la vérité, pour entretenir nos défiances et éterniser nos malheurs.

L'histoire du décemvirat est une fable qui n'aura désormais d'autre mérite que celui d'inspirer une égale horreur pour le mensonge comme pour la tyrannie.

La liberté qui avait coûté tant de sang aux Français, et qui était le prix des plus brillantes victoires, expira le 31 mai 1793. Depuis cette époque jusqu'au 9 thermidor, la France ne fut plus couverte que d'esclaves ; car il n'y a plus ni liberté ni patrie, là où la force prend la place de la loi.

Des cohortes sanguinaires environnent le Sénat, cent trente-cinq représentans du peuple sont dans un court délai retranchés du nombre des législateurs français ; cette mesure violente et téméraire obtient un plein succès et assure pour long-temps le triomphe du crime : dèslors la vertu dans le temple des lois, fut en minorité comme sur le reste de la terre.

Les séances de la Convention n'offrent plus aux regards du spectateur effrayé que des conspirateurs furieux, dont les motions incendiaires menacent la France des plus grandes calamités. On apperçoit encore, il est vrai, quelques législateurs dispersés çà et là, qui profondément affligés des malheurs de la patrie, semblent ne point prendre part aux délibérations, mais sans énergie, ils n'ont ni le courage de s'opposer au mal, ni la force de faire le bien, leur faiblesse excite le mépris des factieux et augmente leur audace : un décret hommicide rendu sous leurs yeux, met hors la loi tous ceux de leurs collègues dont on redoute le courage, les vertus ou les talens.

Jamais tyrans ne furent plus adroits ou plus heureux, soit pour préparer, soit pour consolider l'usurpation de la souveraineté. Par un stratagème infernal, ces forcenés avaient imaginé d'appeler publiquement la terreur à leur secours, et ce monstre fidèle à leurs voix, plonge aussi-tôt la France dans le deuil et dans le désespoir.

Consommés dans l'art de séduire et de tromper, ils présentent à l'acceptation du peuple une constitution oligarchique; elle est accueillie dans tout l'empire; mais un nouvel acte de perfidie est le prix de la confiance des Français. Dans leurs adresses adulatrices ils avaient eu la faiblesse de comparer nos législateurs à Moïse qui, du haut de la montagne, au milieu du tonnerre et des éclairs, donne la loi aux Hébreux : les traîtres profitent de l'allégorie pour imaginer l'arche sainte, ils y déposent l'acte constitutionnel, et la France entière s'incline sous le gouvernement révolutionnaire. Cette obéissance ser-vile fut un malheur commun et la faute, pour ne pas dire le crime de tous les Français.

Fière de cette victoire décisive, la Convention ne songe plus qu'aux moyens de consolider sa puissance; le par-tage des Provinces se fait publiquement dans le sein du Sénat : d'insolens Proconsuls, revêtus de l'autorité suprê-me, vont dans les Départemens étaler un luxe asiatique sous les yeux d'un peuple affamé et dévoré par la misère : une loi punit de dix ans de fers quiconque désobéira à un de leurs arrêtés. Ils font traîner dans les prisons tous les hommes qui, par leurs discours, leurs écrits ou leurs actions, ont voulu mettre obstacle à l'établissement de leur règne sanguinaire.

Corrupteurs de la morale, propagateurs effrénés de principes anti-sociaux, ils tarissent toutes les sources du bonheur public, détruisent tous les monumens des arts qui expriment un emblème religieux, proscrivent par-tout les sciences et les talens, pour faire disparaître à-la-fois tout ce qui porte l'empreinte de la vertu.

Pour remplir ce vuide affreux, les barbares mettent en activité des commissions militaires et des tribunaux révo-lutionnaires : des échaffauds s'élèvent sur nos places pu-bliques, le sang des Français coule à grands flots sous nos yeux, et il ne nous est pas permis de verser une larme; on tient registre de nos plaintes, on ose même nous faire un crime de nos soupirs ; nous eussions oublié jusqu'au souvenir de nos maux , s'ils avaient su commander l'oubli comme ils savaient prescrire le silence.

Sous ce règne de fer la France a parcouru d'un pas égal et en même temps, tous les degrés du bonheur et de la gloire au dehors, et au dedans tous ceux de la honte et du malheur. Il dura plus de quatorze mois ; il avait été préparé par l'anarchie, compagne inséparable de la chûte des trônes et du bouleversement des grands empires.

Un nouvel ordre de choses commence, la raison et la justice qui se traînaient avec peine sur les traces mobiles de la révolution , reparaissent enfin et reprennent sur tous les cœurs un empire qu'elles n'auraient jamais dû perdre. La liberté en se consolidant déchire toutes les pages du code national où elle apperçoit des lois dictées par la tyrannie, la terreur ou la faiblesse. Les membres du corps social proscrivent unanimement toute espèce de domination, de quelque nom qu'on la décore, et ne veulent plus reconnaître d'autre joug que celui de la raison , ni d'autre frein que l'empire salutaire des lois. . . . . Enfin la haine s'éteint dans tous les cœurs, tous les citoyens se rapprochent et se pardonnent d'autant plus volontiers le passé , que le vrai motif de leur éloignement leur est aussi parfaitement inconnu, que la vraie valeur des mots inventés pour créer et entretenir leur désunion.

Tandis que la Convention régénérée, forte des suf-frages et de la volonté d'une immense majorité, pose, d'une main hardie, les bases de l'édifice constitutionnel, et que de l'autre elle donne la paix à l'Europe vaincue et humiliée, le peuple avide de repos, trop fatigué dé-sormais pour se livrer à de nouvelles agitations, s'in-quiète peu de savoir si la tyrannie a été le crime d'un ou de plusieurs, si les mains qui ont rompu ses chaînes, sont les mêmes qui les avaient forgées ; il regarde le passé comme le patrimoine de l'histoire, s'occupe peu du pré-sent, et tourne pour l'avenir toutes ses espérances, du côté d'un nouveau Gouvernement qui lui promet le bon-heur, unique objet de tous ses vœux.

Et moi aussi je partagerais son indifférence, je cou-

vrirais même d'un voile funèbre les dernières années de
la révolution , si l'honneur d'une multitude de Français
entachés de soupçons injurieux , ne me forçait de regarder
derrière moi , et d'interroger le passé pour éclairer l'a-
venir.

A Dieu ne plaise que ma voix s'élève jamais pour sol-
liciter l'impunité du crime ; mais il est indubitable que les
haines , les persécutions , les vengeances , les procédures
criminelles qui s'ourdissent de toute part , doivent enfin être
proscrites comme des mesures injustes et vexatoires , si on
démontre que les fonctionnaires publics dans les Départemens ont été trompés par ceux-là mêmes qui , en France ,
étaient les seuls dépositaires de l'autorité suprême. Car si l'autorité légitime de la Convention a dans ses propres mains
dégénéré en tyrannie , si les sources du Gouvernement
se sont corrompues , les canaux de l'administration ont
nécessairement porté le poison de la servitude dans toutes
les parties du corps social ; alors l'esclavage des admi-
nistrateurs et des administrés est devenu une contagion
nationale , une maladie honteuse qui , après sa guérison ,
ne peut donner lieu à aucune recherche raisonnable contre
les citoyens,

On peut mettre cette vérité dans tout son jour par la
solution de cette question fort simple.

« Depuis le 31 mai 1793 jusqu'au 9 thermidor , 2.e
année , les fonctionnaires publics dans les Départemens
étaient-ils les vrais et légitimes magistrats du peuple , ou
n'ont-ils été que les vils agens d'une faction ? »

Si les fonctionnaires publics des Départemens ont mé-
connu l'autorité de la Convention nationale , centre
unique de tous les pouvoirs légitimes ; pour obéir à une
faction liberticide , s'ils ont exécuté des lois qui n'é-
taient point émanées d'elle , ils sont criminels de lèze-
nation au premier chef.

Par exemple : si la loi plus que barbare , qui con-
damne à la peine de mort tout Français qui donnera
l'hospitalité à un malheureux qui se cache pour n'être
point transporté sur les côtes d'Afrique , à un adminis-
trateur proscrit , à un représentant du peuple mis hors
la loi , qui , échappé sous les livrées de la misère , rompt

tout commerce avec les hommes et attend, dans le silence et l'obscurité des tombeaux, le retour du règne de la justice ; si cette loi, dis-je, a été dictée par les décemvirs, si elle a été promulguée par leurs ordres, les juges qni en ont fait l'application, sont des assassins.

Si, au contraire, les fonctionnaires publics dans les Départemens n'ont reconnu d'autre autorité que celle de la Convention nationale ; s'ils n'ont exécuté d'autres lois que celles qui ont été décrétées par elle, transmises et enregistrées par ses ordres, il s'ensuit nécessairement que ces lois ayant été, pendant 14 mois, oppressives et tyranniques, des oppresseurs et des tyrans étaient en majorité dans le sein de la Convention.

Oui, j'ose le dire, ils y étaient en majorité ; et les comités de gouvernement étaient soumis à leur censure, comme à leur volonté suprême.

N'avons-nous pas vu, plus de trois mois après le 31 mai, des députés qui depuis ont réparé leurs erreurs, dénoncer avec éclat le comité de salut public, parce qu'il n'avait point encore proposé un décret d'exclusion contre un représentant qui avait osé dire que *les 31 étaient d'honnêtes gens.*

Certes, les juges qui ont fait l'application de la loi hommicide que j'ai citée tout-à-l'heure, ne sont point des assassins, ils ne sont point coupables de la mort des condamnés. Le sang innocent retombe sur les têtes criminelles de ces législateurs atroces qui, à l'instant où cet infame décret fut prononcé, avaient l'impudeur d'agiter leurs chapeaux en l'air en signe d'alégresse.

Envain dans une sortie éloquente un représentant ose tonner contre la violation de tous les principes, et prédire à ses collègues le sort funeste qui les attend : *c'est ainsi*, s'écrie Thuriot, *que progressivement le règne de la tyrannie s'établit, et que la liberté perd tous ses droits. . . . . Gardez-vous. . . . . Car si vous le faisiez, la Nation pourrait demain vous conduire à l'échaffaud.* La foudre frappait le sommet de la montagne sans pouvoir l'ébranler.

Le neuf Thermidor arrive, les législateurs ce jour-là prennent une attitude fière et digne de la majesté du peuple qu'ils représentent, la Convention se lève et les triumvirs tombent à ses pieds. Barrère lui-même se fait honneur de porter les derniers coups à la puissance colossale de Robespierre, la prophétie de Thuriot s'accomplit et les trois monstres marchent à l'échaffaud.

Aussi-tôt les mânes plaintifs des victimes immolées sous la tyrannie accourent de toutes parts et planent sur la tête des législateurs ; les plaintes des malheureux qui gémissent dans les fers, percent à travers les murs de leurs cachots et viennent frapper les oreilles de la Convention ; un cri général part des quatre coins de la France et l'accuse elle-même de cruauté, ou d'une irrémissible faiblesse. Alors la Convention renonce à l'idée du triumvirat, et nous apprend qu'elle a été opprimée par des décemvirs : les Départemens murmurent, des députations vont jusqu'à la barre et signalent un grand nombre de coupables, dont la présence souille encore le sanctuaire des lois ; l'Assemblée cède enfin au vœu des Français, et depuis le neuf Thermidor, si l'on en croit le calcul de Louvet, elle a vomi de son sein 93 montagnards.

De quelque manière qu'on s'y prenne pour justifier la conduite de la Convention, il sera toujours vrai de dire qu'elle a induit tout l'Empire dans une erreur invincible. Le Comité de Salut public annonçait régulièrement tous les mois à l'Assemblée, que ses pouvoirs étaient expirés ; la Convention au milieu des applaudissemens des tribunes se levait le plus souvent toute entière et prolongeait toujours les pouvoirs des Comités pour le mois suivant.

Pouvait-on soupçonner dans les Départemens que ces grands mouvemens de l'Assemblée, qui inspirent la confiance et commandent le respect, que cet hommage glorieux que la Convention rendait tous les mois à son Comité de gouvernement, n'étaient dans la vérité que le lâche et honteux tribut de l'esclavage. Était-il même croyable que dans une Assemblée si nombreuse de Français, il ne se trouvât pas un seul homme qui eut le courage, sous les yeux des décemvirs, de réclamer le scrutin.

Je dis moi que l'Assemblée renouvellait tous les mois les pouvoirs de son Comité de gouvernement, parce que tous les mois, comme tous les jours, ses services étaient agréables à la montagne.

La montagne, pour me servir de l'expression d'un représentant en mission, *était devenue depuis le 31 mai la majorité pure de la Convention.*

C'est cette majorité pure qui a enfanté les proscriptions et toutes les lois immorales et sanguinaires qui ont désolé la République.

C'est cette même montagne qui a regné despotiquement sur la France; dans le principe les décemvirs n'ont été que les ministres de ses fureurs. Maximilien Robespierre était son grand-visir. Sa puissance s'accrut en proportion des forfaits des montagnards. Quand ceux-ci eurent comblé la mesure de tous les crimes, l'hypocrite Maximilien, couvert du masque de la vertu, fort d'une effrayante popularité, devint d'autant plus insolent et impérieux à l'égard de ses collègues, qu'il croyait leur faire une grace en différant de quelques jours leur supplice. Ne voyant plus autour de lui que quelques hommes probes dont il méprisait la nullité et la faiblesse, et beaucoup de scélérats qu'il voulait punir, il conçut enfin le hardi projet de s'emparer de l'autorité suprême et de faire porter par des eunuques le fatal cordon à ses collègues.

La présence du danger changea les plus lâches en héros, tous alors méritèrent bien de la Patrie. Le 9 Thermidor, des représentans fatigués de tyrannie, chargèrent avec imprécation Robespierre du pesant fardeau de leurs crimes communs; c'est ainsi que le premier ministre de la montagne, victime de son ambition, devint, par une heureuse métamorphose, le bouc-émissaire de la Convention.

Il suit de toutes ces vérités que la Convention a toujours été *opprimante* ou *opprimée.*

Opprimante; c'était une montagne, ou plutôt un volcan, dont l'inépuisable cratère couvrait de ses laves dévorantes les hommes et les monumens.

Opprimée; c'était une reine fainéante, faible, pusillanime, qui prêtait son nom et apposait son sceau aux fureurs des décemvirs.

L'avilissement de la Convention sous la puissance décemvirale, a été ignoré jusqu'au jour où, après avoir lavé son opprobre dans le sang des tyrans, elle révéla elle-même ses malheurs à l'univers entier. Les décemvirs avaient toujours paru respecter la suprême autorité du Sénat. Les séances de l'assemblée furent toujours ouvertes à la curiosité de l'étranger comme à celle des français. Là les législateurs, sous les dehors d'une liberté absolue, discutaient publiquement les lois, décrétaient le rappel ou l'envoi des représentans près les Départemens et les Armées, déterminaient la nature de leur mission et la mesure de leurs pouvoirs. Qui aurait osé leur résister ou les méconnaître? Le nom redouté de la Convention était le mot d'ordre et de ralliement de tous les Français.

Toute procédure qui aurait donc pour but de venger les victimes du despotisme, en versant de nouveau le sang des citoyens qui, égarés par le flambeau des lois, croyaient être les ministres de la justice, lorsqu'ils n'étaient que ceux de la tyrannie, serait une barbarie encore plus rafinée que celle des décemvirs, parce qu'elle serait plus réfléchie de la part d'une assemblée dont la faiblesse a été la source intarissable de toutes nos calamités, quand ses propres excès n'en ont point été directement la cause.

Les tribunaux sont donc là pour juger et punir tous ceux qui sont coupables, non d'opinions exagérées, mais d'actions criminelles déterminés par la loi. Ce n'est pas un délit d'avoir été fonctionnaire public, mais c'en est un d'avoir prévariqué dans ses fonctions; toute recherche qui n'aurait pas pour but un crime particulier et avéré, serait la plus injuste, comme la plus impolitique, des persécutions.

La responsabilité, il est vrai, est de droit naturel. Tout fonctionnaire placé dans la hiérarchie des pouvoirs, doit répondre de la justice des ordres qu'il donne de son chef; mais la responsabilité des subalternes ne comprend que l'exécution : autrement une force d'inertie insurmontable arrêterait l'action du gouvernement, l'empire serait dans l'anarchie.

Sous le gouvernement révolutionnaire, comme sous tous les gouvernemens possibles, l'exécution de la loi

où d'un *ordre légal*, était de nécéssité et de devoir.
Ceux qui aujourd'hui dans les Départemens s'érigent en
vengeurs de torts, ne peuvent placer à leur gré la responsabilité sur les comités, les administrations et les
tribunaux ; les allégations ne sont pas des preuves. Il ne
suffit pas de dire : le tribunal de tel endroit est un *tribunal de sang* ; il faut démontrer en quoi il est répré-
hensible. Faire trancher la tête à une femme honnête,
pour avoir donné l'hospitalité à un proscrit, est une action qui à jamais révoltera l'humanité ; mais si la loi
était positive et formelle, on doit plaindre les juges de
Quimper comme ceux de tous les Départemens, d'avoir
été les ministres des fureurs de la tyrannie. Les épithètes
infamantes appartiennent aux lois barbares et non aux
tribunaux.

Un juge criminel est un instrument passif, aveugle,
dont toutes les actions, toutes les décisions sont d'a-
vance écrites dans la loi. Chargé de son application, il
ne lui appartient point de juger sa moralité ; il ne peut
ni l'interpréter, ni la modifier, ni l'étendre, sans se
rendre coupable du crime de forfaiture.

Le juge d'un *tribunal extraordinaire*, toujours suffi-
samment garanti par l'*ordre légal* qui lui est transmis
dans une forme régulière par le ministre ou les agens du
gouvernement, n'est responsable d'aucun événement. Il
ne peut être recherché que dans le cas où il n'aurait
point fait l'application de la peine au délit, pour fa-
voriser l'accusé ; ou qu'il aurait ajouté à la sévérité de
la loi, pour aggraver sa peine. Mais le Jury, dans toutes
les hypothèses possibles, est au-dessus de toute poursuite
en tout ce qui concerne son opinion : c'est le *Palladium*
de la liberté. Elle sera perdue le jour où une puissance
humaine s'arrogera le droit de scruter les motifs de sa
conviction. Le VERDICT d'un juré n'a d'autre juge que
Dieu et sa conscience ; dans ses fonctions, il exerce l'acte
le plus auguste et le plus souverain de la souveraineté
sur la terre.

Si la création d'un tribunal extraordinaire ou sa durée,
donnent lieu à responsabilité, elle remonte l'échelle de
toutes les autorités intermédiaires, et va se reposer sur

la tête de celui qui a donné *l'ordre légal.*

Dans les monarchies, la responsabilité, en se repliant, dirige la marche de la justice et lui sert de guide jusques sous les marches du trône où elle va saisir le criminel.

Aujourd'hui en France une Convention nationale, comme le Roi en Angleterre, ne peut nuire ni faire tort à personne.

La responsabilité ne peut tomber ni sur la Convention en masse, ni sur aucun des membres qui la composent et qui délibèrent dans son sein.

Mais la responsabilité s'empare de la personne d'un représentant, dès qu'il dépasse le seuil des portes du Sénat pour aller en mission ou pour entrer dans un comité de gouvernement. La raison, c'est que là il peut abuser du pouvoir et porter atteinte à la liberté publique : dans le Sénat au contraire, il ne peut qu'émettre ses opinions ; or chez un peuple libre, on ne fait pas le procès aux opinions, mais on punit les mauvaises actions.

Le peuple trouvera toujours une garantie suffisante de de droits dans la division des pouvoirs, et par dessus tout dans la responsabilité des ministres.

Si le pouvoir exécutif voulait les contraindre à faire exécuter des lois ou des arrêtés qui porteraient atteinte à la liberté, à l'égalité, à la sûreté ou à la propriété des citoyens, il est impérieusement de leur devoir de donner leur démission.

Les pénibles et douloureux souvenirs, les assassinats juridiques, tous les crimes enfin, les scélératesses et les perfidies dont l'effrayant assemblage compose la responsabilité des oppresseurs de la France, franchissent l'époque du 9 thermidor et vont se retrancher avec leurs auteurs dans le Comité de gouvernement.

Vous tous donc qui, armés des poignards de la vengeance et du ressentiment, paraissez encore altérés de quelques gouttes de sang humain ; vous qui dans vos sombres inquiétudes, maudissez sans cesse la lenteur de la justice, accourez, je viens de vous indiquer l'antre qui recèle Poliphême et ses compagnons, cherchez par-tout des yeux, frappez sans miséricorde Robespierre, Couthon et Saint-Just. Mais s'ils ne sont plus, si la justice de la

Convention a dévancé la vôtre, modernes Thésées, n'enviez point à Hercule ses travaux, et ne vous plaignez pas de ne plus trouver de monstres à combattre sur la terre.

Telles sont les réflexions que je crois utiles de présenter à quelques citoyens qui ont le cœur trop ulcéré; je les leur offre avec la pensée religieuse, si je puis m'exprimer ainsi, que dans cette matière grave, embrasser une erreur serait un crime contre la justice et les hommes; que présenter à des Français la vérité, c'est bien mériter non-seulement de la Patrie, mais de l'humanité toute entière.

Signé P. J. LEBRETON.

<hr>

TERRORISTES (*), *page 3.*

LE premier devoir du législateur est de définir les crimes et de les qualifier, avant de permettre d'accuser et d'infliger des peines. La Convention, en employant un mot neuf, qui n'avait point un sens déterminé par l'usage, a jetté, contre son intention, une pomme de discorde au milieu de chaque commune. Les faux-frères s'en sont servi pour contrister les vieux amis de la liberté, relever les espérances des ennemis du dedans et du dehors, et conduire la République à deux doigts de sa perte. Ils ont d'abord posé en principe, que tout membre d'un comité révolutionnaire était un terroriste plus ou moins dangereux; on a fait incarcérer les uns, et désarmer les autres. Or quels étaient les hommes qui composaient ces comités? des patriotes de 89. choisis par les représentans eux-mêmes ou par leurs délégués, parmi les citoyens les plus connus par leur enthousiasme pour la liberté. Il y avait en France 44,000 communes, qui devaient avoir chacune un comité. Je suppose que 19,000 communes, en dépit de la loi et des décemvirs, n'en aient point eu; restent 25,000 comités de douze membres, qui donnent 300,000 républicains répudiés comme trop chauds et trop ardens. Voyez marcher à leur suite, tous leurs partisans secrets dans toutes les classes de la société; les armées révolutionnaires, les membres des commissions militaires, des tribunaux criminels ou révolutionnaires; les nombreux agens du Comité de Salut public, les délégués sans nombre des représentans montagnards, leurs gardes prétoriennes, les secrétaires, les domestiques qui les suivaient et qui tous partageaient le brûlant enthousiasme de leurs maîtres, et vous conviendrez que la loi contre les prétendus terroristes, a été la plus imprudente comme la plus téméraire des mesures. Il est constant que beaucoup de ces hommes avaient besoin qu'on leur inspirât des sentimens de modération, et même d'humanité; mais il ne fallait pas abreuver d'amertume les patriotes qui n'étaient qu'exaltés, en les rangeant dans la classe des terroristes, puisque, pendant quelque temps, ce mot à aussi signifié un homme sans foi et sans loi, un assassin, un voleur, un buveur de sang, un briseur d'images et de scellés.

Depuis le neuf Thermidor le terrorisme est une chimère. Avant cette epoque, le terrorisme était le gouvernement lui-même; les terroristes étaient tous ses agens volontaires ou forcés. Les juges criminels de tous les Départemens ne seraient point à l'abri des plus sanglans reproches, si pour l'honneur et l'intégrité des principes conservateurs de tout ordre social, la justice qu'ils ont fait parler le langage de la mort, dans un temps où elle était muette et voilée, ne se faisait elle-même un devoir aujourd'hui de couvrir de l'impénétrable bouclier des lois, les erreurs involontaires de ses ministres. Sous le régime dit des décemvirs, tous les Français ont été *terrifiés* ou *terroristes* : mais la preuve que ces derniers étaient des patriotes égarés qui aimaient la République, c'est qu'elle existe.

A QUIMPER, de l'Imprimerie de P. M. BARAZER, 1.er vendémiaire, an 4 de la République Française.

BIBLIOTHEQUE NATIONALE DE FRANCE

3 7531 03973221 0

www.ingramcontent.com/pod-product-compliance
Ingram Content Group UK Ltd.
Pitfield, Milton Keynes, MK11 3LW, UK
UKHW020914140726
13695UKWH00006B/2519